KB273632

벤자민 프랭클린,
부자가 되는 길

THE
WAY
TO
WEALTH

벤자민 프랭클린
부자가 되는 길

벤자민 프랭클린 지음 | 이혜경 옮김

벤자민 프랭클린 Benjamin Franklin 1706-1790

어느 시대, 어느 장소에서든 성공할 수 있는 능력을 자신의 내면에 지니고 있었던 벤자민 프랭클린은 그가 살았던 시대에서 가장 위대한 정치가, 과학자 그리고 철학자 중 한 사람이었다.

인쇄업과 출판업에서 성공을 거두었던 그는 사업이 한창 활발하게 돌아가던 40대에 은퇴하고 여생을 자신이 몸담은 지역과 조국을 위해 봉사했다. 그는 미국 우편제도의 기틀을 닦았으며 20년 동안 식민지 사절로 영국에서 복무하기도 했다. 또 당시의 세금제도에 대한 저항운동을 펼치고 독립선언문의 초안을 작성하는 데 기여했으며 프랑스 대혁명 당시 그 곳 대사를 지내기도 했다. 그리고 아직도 미국의 통치기준이 되고 있는 헌법 제정에

참여했다.

그러나 믿기 어려운 일이지만 그는 당시 전기분야에 대한 발견으로 훨씬 더 유명했다. 발명왕 에디슨과 테슬라 코일의 고안자인 전기 공학자 테슬라를 낳게 했으며 100년 후 후대 사람들이 전기를 실용적인 도구로 사용할 수 있는 길을 열어 주었던 사람이었다. 프랑스에서는 과학자인 동시에 철학자로서 굉장한 명성을 얻음으로써 미국 대사로서의 역할을 효과적으로 수행할 수 있었고, 그 결과 독립전쟁 당시 프랑스의 원조도 얻어낼 수 있었다. 또 무엇이든 고치는 그의 습관은 이중 초점 렌즈에서부터 프랭클린의 난로(개방형 난로)에 이르는 수십 종의 실용적인 발명품으로 이어졌다.

81세가 된 프랭클린은 친구에게 "나는 지금까지 50년 간을 모두에게 도움이 되는 정치 일에 바쳐 왔습니다. 최

근에야 겨우 그 일에서 해방되어 자유시간을 가질 수 있게 되었습니다. 이제부터는 얼마 남지 않은 시간이나마, 될 수 있는 한 많은 실험에 바치고자 합니다”라는 요지의 서신을 보냈다. 그는 그 서신을 보낸 지 3년 만에 필라델피아에서 세상을 떠났다.

벤자민 프랭클린의 전기작가는 “어느 시대, 어느 장소에서든 벤자민 프랭클린은 위대한 인물이 되었을 것이다”라고 그를 평했다. 지금 그의 초상화는 미국 백 달러 지폐에 사용되고 있다.

옮
긴
이

이혜경

이화여대 영문과를 졸업하고 미국 워싱턴 주립대에서 비교문학 석사학위를 취득했다. 같은 대학원 박사 과정 번역이론을 이수하나 후 국내로 들어와 『뉴스위크』『내셔널 지오그래픽』『벤자민 프랭클린, 재치와 지혜』 등을 번역했다.

The Way to Wealth

The Way to Wealth was first published in 1758 as a preface to Benjamin Franklin's Poor Richard's Almanack. In this preface, Franklin summed up all of his previously published thoughts about how to achieve success in business. For this purpose, Franklin created Father Abraham, who liberally quotes from Poor Richard to a crowd waiting for an auction to begin.

The essay has become one of the most important and enduring business books ever published. It has been printed and reprinted almost 400 times and has been translated into almost every language. We are delighted to present it here, still as true today as when it was first printed.

부자가 되는 길

　《부자가 되는 길》은 1758년 벤자민 프랭클린의 저서 《가난한 리처드의 달력》에 서문으로 처음 실렸던 글로서, 프랭클린이 기존의 저서들 중 사업에서 성공하려면 어떻게 해야 하는지에 대한 자신의 생각들을 정리한 것이다. 신부인 아브라함이라는 인물을 내세워, 경매가 시작되기를 기다리는 군중들에게 《가난한 리처드의 달력》에 실렸던 핵심 내용들을 자유자재로 인용하면서 부자가 되는 길을 역설하는 형식을 취하고 있다.

　이 에세이는 지금까지 출간된 사업관련 책 중에서 가장 중요하고 수명이 긴 책들 중 하나다. 지금까지 400쇄 이상이 발간되었으며 거의 모든 언어로 번역되었다. 우리는 처음 출간되었을 때도 그랬지만 지금도 진실을 담고 있는 내용들을 이 책을 통해 소개할 수 있게 된 것을 큰 기쁨으로 생각한다.

COURTEOUS READERS,

I have heard, that nothing gives an author so great pleasure, as to find his works respectfully quoted by others. Judge, then, how much I must have been gratified by an incident I am going to relate to you.

친애하는 독자 여러분,

제가 들어온 바에 의하면 자신의 글을 다른 사람들이 존경어린 마음으로 인용하는 것처럼 큰 기쁨을 주는 일은 없다고 합니다. 그렇다면 지금 여러분에게 들려드리려는 사건이 제게 얼마나 흐뭇한 일이었을지 판단해 보시기 바랍니다.

I stopped my horse, lately, where a great number of people were collected at an auction of merchant's goods. The hour of the sale not being come, they were conversing 'on the badness of the times' ; and one of the company called to a plain, clean, old man, with white locks,

"Pray, father Abraham, what think you of the times? Will not those heavy taxes quite ruin the country? How shall we ever be able to pay them? What would you advise us to do?"

　　최근 저는 사람들이 엄청나게 몰려 있는 경매장 앞에 말을 세웠습니다. 상인들이 물건을 경매에 부치는 곳이었지요. 사람들은 경매가 시작되기를 기다리면서 '경기가 좋지 않다'는 얘기를 나누고 있더군요. 그 때 한 사람이 소박하고 정갈한 옷차림에 수염이 허연 노인을 향해 질문을 했습니다.

　　"아브라함 신부님, 요즘 세상을 어떻게 생각하시는지 말씀해 주십시오. 과중한 세금 때문에 이 나라가 망하지 않을까요? 저희가 무슨 수로 그 많은 세금을 낼 수 있겠습니까? 어떻게 해야 할지 조언을 해주십시오."

Father Abraham stood up, and replied,
"If you would have my advice, I will give it you in short; 'for a word to the wise is enough,' as Poor Richard says."

They joined in desiring him to speak his mind, and gathering round him, be proceeded as follows:

아브라함 신부가 자리에서 일어나 대답했습니다.
"내 조언을 듣고 싶다니 간략하게 말씀드리지요. 가난한 리처드는 '지혜로운 사람에겐 한마디면 충분하다'고 말했습니다."

사람들은 신부의 생각을 듣고 싶은 마음에 차츰 신부의 주위로 모여들었습니다. 신부는 이렇게 말을 시작했지요.

EIJI
Meiji

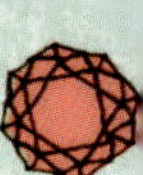

Friends, says he, the taxes are, indeed, very heavy; and if those laid on by the government were the only ones we had to pay, we might more easily discharge them; but we have many others, and much more grievous some of us.

여러분, 세금이 너무 과중한 것은 맞습니다. 그런데 우리가 부담해야 할 세금이 정부에서 부과한 것들 뿐이라면 훨씬 쉽게 그 부담에서 벗어날 수 있을 것입니다. 그러나 우리에게는 그 밖에도 더 내야 할 세금이 많지요. 어떤 사람들에게는 그 다른 세금들이 훨씬 더 가혹하지요.

We are taxed twice as much by our idleness, three times as much by our pride, and four times as much by our folly; and from these taxes the commissioners cannot ease or deliver us, by allowing an abatement. However, let us hearken to good advice and something may be done for us; 'God helps them that helps themselves,' as Poor Richard says.

　게으름의 대가로 두 배의 세금을 치러야 하고, 자존심의 대가로 세 배, 그리고 어리석음에 대한 대가로 우리는 네 배의 세금을 내야 합니다. 또 이런 세금을 거둬들이는 관리들이 세금을 깎아줘 부담을 덜어주거나 내지 않도록 해줄 수도 없는 것들입니다. 하지만 유익한 조언에 귀를 기울인다면 우리는 방법을 찾아낼 수 있을 겁니다. 《가난한 리처드의 달력》에 '신은 스스로 돕는 자를 돕는다'고 적혀 있으니까요.

It would be thought a hard government that should tax its people one tenth part of their time, to be employed in its service:

But idleness taxes many of us much more; sloth, by bringing on diseases, absolutely shortens life. "Sloth, like rust, consumes faster than labour wears, while the used key is always bright," as Poor Richard says.

I

어떤 정부가 국민들의 시간 중 10분의 1을 나라를 위해 일하는 데 바치라고 한다면 가혹한 정부라 할 것입니다.

하지만 게으름은 많은 이들에게 훨씬 더 많은 세금을 부담하게 하고 나태함은 병을 초래해서 수명을 단축시킬 뿐입니다. 가난한 리처드의 말처럼, 나태함은 노동으로 인해 지치는 것과는 비교도 안 될 정도로 빠르게, 마치 쇠붙이를 녹이는 녹처럼 우리의 몸을 갉아 먹습니다. 한편, 늘 사용하는 열쇠는 항상 반짝거리기 마련입니다."

as Poor Richard says.

"But dost thou love life, then do not squander time, for that is the stuff life is made of."

How much more than is necessary do we spend in sleep! forgetting that "The sleeping fox catches no poultry, and that there will be sleeping enough in the grave." as Poor Richard says.

가난한 리처드는 또 이렇게 말했습니다.

"당신은 삶을 사랑하지 않는가? 그러니 시간을 낭비하지 말라. 인생을 만드는 것은 시간이다."

우리는 얼마나 많은 시간을 필요 이상의 잠을 자는 데 허비하고 있습니까? "잠자는 여우는 닭을 잡지 못하고, 무덤에 들어가면 실컷 잘 수 있다"는 가난한 리처드의 말을 잊고 지내지요.

If time be of all things the most precious, wasting time must be, as Poor Richard says, 'the greatest prodigality' ; since, as he elsewhere tells us, Lost time is never found again; and what we call time enough always proves little enough:

가난한 리처드의 말처럼 무엇보다 시간이 가장 중요한 것이라면, 시간을 허비하는 일은 가장 '심각한 낭비'일 수밖에 없습니다. 그리고 한 번 잃어버린 시간은 되찾을 수 없습니다. 우리가 시간이 충분하다고 할 때도 결국은 늘 빠듯하게 지내고 있는 것이지요.

Let us then up and be doing, and doing to the pur-
pose: So by diligence shall we do more with less per-
plexity.

"Sloth makes all things difficult, but industry all easy;
and, be that riseth late, must trot all day, and shall scarce
overtake his business at night; while Laziness travels so
slowly, that Poverty soon overtakes him. Drive thy busi-
ness, let not that drive thee; and early to bed, and early
to rise, makes a man healthy, wealthy, and wise," as Poor
Richard says.

그러니 이제 일어나 일을 합시다. 목적을 세우고 일을 하는 거지요. 부지런히 움직이면 곤경에 빠지는 일은 적어지고 일은 더 많이 하게 될 것입니다. 가난한 리처드는 말했습니다.

"나태함은 매사를 어렵게 만들지만 근면함은 매사를 수월하게 한다. 늦게 일어나는 자는 하루 종일 뛰어 다녀도 자신이 해야 할 일을 다 해내기 어렵다. 게으른 탓에 너무 느리게 움직이다 보면 가난에게 곧 덜미를 잡히게 된다.

그대가 일을 끌고 가야지 일에 끌려 다니지 말라. 일찍 잠자리에 들고 일찍 일어나라. 그것이 사람을 건강하고, 부유하고, 현명하게 만들어 준다."

So what signifies wishing and hoping for better times?
We may make these times better, if we bestir our-
selves.

"Industry need not wish, and be who lives upon hope
will die fasting. There are no gains without pains; then
help hands, for I have no lands,"
or, if I have, they are smartly taxed.

그렇다면 더 잘 사는 날이 오기를 기다리고 소망하는 것이 무슨 의미가 있을까요?

우리가 분발한다면 이 시대를 더 나은 세상으로 만들 수도 있는데 말입니다.

"근면에는 소원이 필요 없으며, 희망을 먹고 사는 사람은 굶어죽게 될 뿐이다. 고통이 없으면 소득도 없다. 가진 땅이 없다면 남의 일꾼이 되어라"라고 리처드는 말했습니다.

내가 땅을 소유하고 있다면 정당하게 세금이 부과될 겁니다.

"He that hath a trade, hath an estate; and he that hath a calling, hath an office of profit and honour," as Poor Richard says;

but then the trade must be worked at, and the calling well followed, or neither the estate nor the office well enable us to pay our taxes.

리처드는 말합니다. "토지를 소유하거나, 사업체를 운영하거나, 직업을 가지고 있거나, 이익과 명예를 안겨주는 관직에 있는 사람은 그의 사업체를 위해 일해야 하고 직무를 잘 수행해야 할 것입니다."

그렇지 않으면 소유지든 관직이든 그 어느 것으로도 세금을 낼 수 없을 테니까요.

If we are industrious we shall never starve; for, "at the working man's house hunger looks in, but dares not enter." Nor will the bailiff or the constable enter, for 'Industry pays debts, while despair increaseth them,

근면한 사람은 결코 굶주리지 않습니다. "일하는 사람의 집에는 굶주림이 들여다보긴 해도 감히 들어오지는 못한다"고 리처드는 말합니다. 법 집행관이나 경찰관도 들어오지 못할 겁니다. 왜냐하면 근면은 빚을 갚아주지만 절망은 빚을 늘리기 때문이지요.

What though you have found no treasure, nor has any rich relation left you a legacy,

Diligence is the mother of good luck, and God gives all things to industry. Then plough deep, while sluggards sleep, and you shall have corn to sell and keep.

Work while it is called today, for you know not how much you may be hindered tomorrow.

　보물을 발견하지도 못했고, 유산을 물려줄 만큼 부유한 친척도 없는 사람들은 어떻게 해야 할까요? 근면은 행운의 어머니입니다. 신은 근면한 자에게 모든 것을 내려줍니다. 그러니 게으름뱅이들이 잠자고 있는 동안 밭에 나가 이랑을 깊이 파십시오.

　오늘 해야 할 일은 오늘 하십시오. 내일이 되면 우리의 일이 얼마나 방해를 받을지 알 수 없으니까요.

"One today is worth two tomorrows," as Poor Rich-
ard says; and farther. "Never leave that till tomorrow,
which you can do today."

리처드는 말합니다.
"오늘 하루는 두 번의 내일과 맞먹는 가치가 있다. 오늘
할 일을 내일로 미루지 말라."

If you were a servant, would you not be ashamed that a good master should catch you idle? Are you then your own master? Be ashamed to catch yourself idle when there is so much to be done for yourself, your family, your country, and your king.

당신이 만약 머슴이라고 해봅시다. 게으름을 피우다가 선한 주인의 눈에 띈다면 부끄럽지 않을까요? 또, 당신이 주인이라면? 자신과 과족 그리고 국가를 위해 할 일이 태산같은데, 빈둥거리고 있는 자신을 보면 부끄럽지 않겠습니까?

"Handle your tools without mittens: Remember, that "The cat in gloves catches no mice," as Poor Richard says. It is true, there is much to be done, and perhaps, you are weak handed; but stick to it steadily, and you will see great effects; for "Constant dropping wears away stones; and by diligence and patience the mouse ate in two the cable; and little strokes fell great oaks."

연장을 만질 때는 장갑을 끼지 마십시오. "장갑을 낀 고양이는 쥐를 잡지 못한다"는 리처드의 말을 기억하시기 바랍니다. 해야 할 일은 많습니다. 만약 당신이 힘이 약한 사람이라면 꾸준히 매달리십시오. 그러면 엄청난 효과를 보게 될 것입니다. "낙숫물이 댓돌도 뚫는다는 말이 있고, 근면과 끈기로 생쥐가 밧줄도 두 동강을 내고, 계속해서 찍으면 거대한 참나무도 쓰러뜨릴 수 있다"는 말이 있지 않습니까.

Methinks I hear some of you say. "Must a man afford himself no leisure?" I will tell thee, my friend, what poor Richard says;

"Employ thy time well, if thou meanest to gain lei-
sure; and, since thou are not sure of a minute, throw
not away an hour."

여러분들 중에서 "그러면 여가를 즐길 여유도 가질 수
없나요?"라고 물으시는 분이 계시는 것 같군요. 리처드가
했던 말을 한 마디 더 들려드리겠습니다.

"여가를 얻고 싶으면 시간을 잘 활용하라. 1분도 제대로
쓸 자신이 없는데, 1시간을 허비하지는 말라."

Leisure is the time for doing something useful; this leisure the diligent man will obtain, but the lazy man never, for, A life of leisure and a life of laziness are two things.

"Many, without labour, would live by their wits only, but they break for want of stock;"

여가란 무엇이 되었든, 유용한 일을 하는 시간을 말합니다. 여가는 부지런한 사람이 얻는 것이지 게으른 사람은 결코 얻을 수 없습니다. 여가 생활과 게으른 생활은 다른 것입니다. 리처드는 이렇게 말합니다.

"많은 사람들이 일은 하지 않고 자신들의 재치만으로 살아간다. 그러나 그들은 모아놓은 재산이 없으니 곧 파산하게 될 것이다."

whereas industry gives comfort, and plenty, and re-
spect. Fly pleasures, and they will follow you. The dili-
gent spinner has a large shift; and now I have a sheep
and a cow every body bids me good morrow.

하지만 근면은 안락함과 풍요로움과 존경심을 가져다
줍니다. 쾌락을 날려 보내세요. 그러면 그것들이 당신을
따라올 것입니다. 부지런한 방직공이 더 넓은 천을 짜는
법입니다. 지금 내게 양 한 마리와 암소 한 마리만 있으면
모두들 내게 아침인사를 건넬 것입니다.

But with our industry we must likewise be steady, settled, and careful, and oversee our own affairs with our own eyes, and not trust too much to others; for, as Poor Richard says,

"I never saw an oft removed tree, Nor yet and oft Removed family, That throve so well as those that settled be."

And again,

"Three removes are as bad as a fire:" And again, "Keep thy shop, and thy shop will keep thee:"

And again

"Of you would have your business done, go; if not, send."

Ⅱ

근면함과 더불어 우리는 그만큼 꾸준하고 안정적이며 신중해야 합니다. 또한 자신의 일들을 자기 눈으로 직접 감시해야 합니다. 다른 사람들을 너무 믿지 마십시오. 가난한 리처드는 이런 말도 했습니다.

"나는 자주 옮겨 심는 나무와 자주 이사하는 가정이, 한 곳에 정착하는 경우만큼 번창하는 것을 결코 본 적이 없다."

또 이렇게 말했습니다.

"세 번 자리를 옮기는 것은 화재를 당한 것만큼이나 나쁘다. 그러니 자신의 일터를 지켜라. 그러면 일터가 그대를 지켜줄 것이다.

이런 말도 했습니다.

"사업을 끝내고 싶으면 떠나보아라. 그렇지 않으면 계속하라."

And again,

"He that by the plough would thrive, Himself must either hold or drive."

And again, "The eye of the master will do more work than both his hands. Want of care does more damage than want of knowledge:"

그리고 이런 말들도 했지요.

"쟁기로 번창하고 싶다면 자신이 직접 그것을 붙들거
나 몰아야 한다."

그리고 또 "주인의 눈은 양손보다 더 많은 역할을 한
다. 주의력이 부족하면 지식이 부족한 것보다 더 큰 피해
를 입게 되는 법."

And again,

"Not to oversee workmen is to leave them your purse open. Trusting too much to other's care is the ruin of many; for, In the affairs of this world, men are saved, not by faith, but by the want of it: But a man's own care is profitable; for, If you would have a faithful servant and one that you like-serve yourself. A little neglect may breed great mischief; for want of a nail the shoe was lost; for want of a shoe the horse was lost; and for want of a horse the rider was lost, being overtaken and slain by the enemy; all for want fo a little care about a horse shoe nail."

또 있습니다.

"일꾼들을 감독하지 않는 것은 그들에게 그대의 지갑을 열어 놓은 것과 같다. 다른 사람의 손에 지나치게 의존하면 많은 일을 망치게 된다. 세상사에 있어서는 믿음 때문이 아니라 믿음이 부족해야 구원을 받는다. 그러나 자신이 손수 일을 하면 이익을 낳는다. 당신의 마음에 드는 충직한 일꾼을 거느리고 싶다면, 자신을 하인으로 삼아라. 사소한 소홀함으로 인해 엄청난 재난을 초래할 수도 있기

때문이다. 편자의 못 하나가 빠지면 편자를 잃게 되고, 편자가 없으면 말을 잃게 되며, 말이 없으면 말 타는 사람을 잃게 된다. 그렇게 되면 추격하는 적에게 사로잡혀 처형될 것이다. 이 모든 것이 '편자의 못 한 개'라는 사소한 것에 주의를 기울이지 않았기 때문이다."

So much for industry, my friends, and attention to one's own business; but to these we must add frugality, if we would make our industry more certainly successful. A man may, if he knows not how to save as he gets,

"keep his nose all his life to the grindstone, and die not worth a groat at last. A fat kitchen maketh a lean will;"

and "Mary estates are spent in the getting, Since women for tea forsook spinning and knitting, And men for punch forsook hewing and splitting."

Ⅲ

여러분, 나는 지금까지 자신의 일에 신중을 기하고 근면하라는 것에 관해 말했습니다. 그러나 더욱 확실한 성공으로 이어지게 하려면 근면에 절약이 더해져야 합니다.

"아무리 벌어도 모을 줄 모른다면, 그는 평생 뼈 빠지게 일만 하다가 결국에는 몇 푼 되지 않는 돈만 남기고 죽게 될 것이다. 기름진 식탁은 빈약한 유산을 남긴다"고 리처드는 말했습니다.

또 이런 말도 했지요. "물건을 사들이느라 많은 재물을 소비한다. 여자들은 실을 갖고 뜨개질을 해서 모은 돈으로 차를 사들이고, 남자들은 나무를 베고 장작을 패서 번 돈으로 달콤한 술을 마시는 데 쓴다."

"If you would be wealthy, think of saving, as well as of getting. The Indies have not made Spain rich, because her outgoes are greater than her incomes."

"부자가 되고 싶으면 버는 것뿐 아니라 모으는 것도 생각하라. 서인도제도를 정복했어도 스페인은 부자가 되지 못했다. 왜냐하면 스페인은 수입보다 지출이 컸기 때문이다."

Away, then, with your expensive follies, and you will not have then so much reason to complain of hard times, heavy taxes, and chargeable families; for Women and wine, game and deceit, Make the wealth small, and the want great. And farther, What maintains one vice, would bring up two children.

　　그러니 비싼 대가를 치러야 하는 어리석음에서 벗어나십시오. 그러면 어려운 시기니, 과중한 세금이니, 부양 가족이 많다느니 하는 것에 불평할 이유가 그리 많지 않을 것입니다. 왜냐하면 여자와 와인, 유희와 허식…, 이들은 재산을 줄이고 빈곤을 더해 주기 때문입니다. 더 나아가서 한 가지 악덕을 지니고 있으면 두 가지 악덕이 새끼를 치기 마련입니다.

You may think, perhaps, that a little tea or a little punch now and then, diet a little more costly, clothes a little finer, and a little entertainment now and then, can be no great matter; but remember, "Many a little makes a mickle."

Beware of little expenses; "A small leak will sink a great ship." as Poor Richard says; and again, "who dainties love, shall beggars prove;" and moreover, "Fools make feasts, and wise men eat them."

여러분은 가끔 마시는 차와 달콤한 술, 조금 돈이 드는 식생활, 약간 좋은 옷들과 가끔씩 살짝 즐기는 유흥이 큰 문제가 될 수 없을 것이라고 생각할지도 모릅니다. 하지만 명심하십시오. "티끌 모아 태산"이라는 말이 있습니다.

작은 소비를 경계하십시오. 가난한 리처드의 말처럼 "조금씩 새는 물이 거대한 배를 가라앉게 하고 또 미식을 즐기는 사람들은 거지가 될 것"입니다. 더 나아가서 "어리석은 자들이 잔칫상을 차리고 현명한 자들은 그것을 먹는다"라고도 했지요.

Here you are all got together at this sale of fineries, and knickknacks. You call them goods; but, if you do not take care, they will prove evils to some of you. You expect they will be sold cheap, and, perhaps, they may [be bought] for less than they cost; but, if you have no occasion for them, they must be dear to you.

여러분들은 아름다운 옷과 여러 가지 잡화를 파는 곳에 모여 있습니다. 그러나 조심하지 않으면 이것들이 파멸의 씨앗이 될 수도 있습니다. 여러분은 이 물건들을 싸게 살 것이라고 기대하고 있습니다. 어쩌면 원가 이하로 구입할 수도 있다고 생각하겠지요. 하지만 반드시 필요한 물건이 아니라면, 아무리 싸게 샀다고 해도 비싼 것입니다.

Remember what Poor Richard says,

"Buy what thou hast no need of, and ere long thou shalt sell thy necessaries." And again, "At a great penny worth pause a while:"

He means, that perhaps the cheapest is apparent only, and not real; or the bargain, by straightening thee in thy business, may do thee more harm than good. For in another place be says, "Many have been ruined by buying good penny worths."

Again, "It is foolish to lay out money in a purchase of repentance;"

and yet this folly is practised every day at auctions, for want of minding the Almanack.

가난한 리처드가 했던 말을 기억하십시오.

"필요 없는 것을 사면 머지않아 꼭 필요한 물건을 팔아야 할 것이다. 단 한 푼 짜리 물건을 살 때도 잠시 생각한 다음에 사라."

이 말은 겉으로는 아주 싸게 보이지만 실제로는 그렇지 않다는 말이지요. 아니면 싸게 사는 것도 여러분이 벌어서 갚아야 하는 것이므로 득보다는 실이 많을지도 모릅니다.

또 이런 말도 했습니다.

"많은 사람들이 한 푼 짜리 물건을 사들이느라 망해 버렸다. 후회할 물건을 사는 데 돈을 쓰는 것은 어리석은 짓이다."

이런 어리석은 행동들이 경매장에서 매일 일어나고 있습니다. 모두 '리처드의 달력'이 가르치는 교훈에 신경을 쓰지 않기 때문입니다.

Many a one, for the sake of finery on the back, have gone with a hungry belly, and half starved their families; "Silks and satins, scarlets and velvets, put out the kitchen fire," as Poor Richard says. These are not the necessaries of life; they can scarcely be called the conveniences:

And yet only because they look pretty, how many want to have them? By these, and other extravagancies, the genteel are reduced to poverty, and forced to borrow of those whom they formerly despised,

짐이 되는 사치품들을 위해 많은 이들이 배를 주리게 되고, 그 중 절반은 가족들까지 굶깁니다. 리처드는 "비단과 공단, 예복과 벨벳은 부엌의 불을 끄게 만든다"고 말했습니다. 그런 것들은 필수품이 아닙니다. 생활을 편리하게 해주는 물건이라고 하기도 어렵지요.

하지만, 단지 보기에 아름답다는 이유로 얼마나 많은 사람들이 그것들을 가지고 싶어합니까? 그런 것들과 그 밖의 호화로운 물건들로 인하여 점잖은 가문의 사람들이 빈곤층으로 전락하고, 이전에 자신들이 무시했던 사람들에게 돈을 빌릴 수밖에 없게 되지요.

but who, through industry and frugality, have main-tained their standing; in which case it appears plainly, that "A ploughman on his legs is higher than a gentle-man on his knees," as Poor Richard says. Perhaps they have had a small estate left them, which they knew not the getting of; they think 'It is day, and never will be night;' that a little to be spent out of so much is not worth minding; but Always taking out of the meal tub, and never putting in, soon comes to the bottom,

as Poor Richard says; and then,

"When the well is dry, they know the worth of water."

그러나 근면과 검소함을 통해 자신의 입지를 확보한 사람들은 겉으로는 화려해 보이지 않지만, "서서 쟁기질을 하는 사람이 무릎 꿇은 양반보다 높다"고 리처드는 말합니다. 신사들에게는 어디서 얻었는지도 모르는 약간의 소유지가 있을지도 모릅니다. 그들은 '이렇게 날이 밝은데 밤이 올 리가 있어?'라고 생각하지요. 그렇게 많은 재물을 가지고 있는데, 조금 떼어 쓰는 것은 신경을 쓸 가치도 없다고 말입니다. 그러나 항상 꺼내기만 하고 집어넣지 않는다면, 뒤주는 곧 바닥이 드러날 것입니다.

리처드는 말합니다.
"우물이 말라야 물의 가치를 알게 된다."

But this they might have known before, if they had taken this advice. " If you would know the value of money, go and try to borrow some; for he that goes a borrowing, goes a sorrowing," as Poor Richard says; and, indeed, so does he that lends to such people, when he goes to get it again.

그러나 그들이 이 사실을 미리 알았더라면, 이 조언을 받아 들었더라면 얼마나 좋았을까요. "당신이 돈의 가치를 알려면 가서 돈을 빌려 보라. 돈을 빌리러 가는 사람은 슬픔을 빌리러 가는 것이다"라는 리처드의 말을 명심했다면 얼마나 좋았을까요. 그리고 돈을 빌려주는 사람들도 그 돈을 받으려고 할 때, 마찬가지 처지가 됩니다.

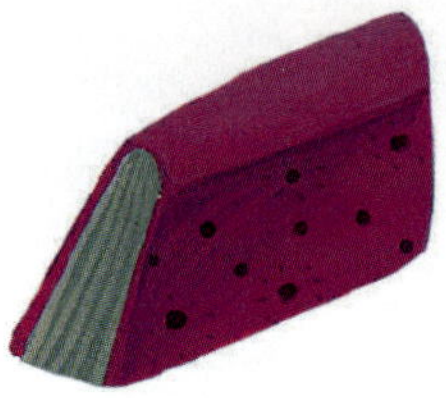

Poor Dick farther advises, and says, "Fond pride of dress is sure a very curse, Ere fancy you consult, consult your purse."

And again,

"Pride is as loud a beggar as want, and a great deaf more saucy."

When you have bought one fine thing, you must buy ten more, that your appearance may be all of a piece; but Poor Dick says, "It is easier to suppress the first desire, than to satisfy all that follow it." And it is as truly folly for the poor to ape the rich, as for the frog to swell, in order to equal the ox.

가난한 리처드는 더 나아가, "옷이 주는 자부심에 빠지는 것은 저주임이 분명하다. 환상을 좇기 전에 지갑을 확인해 보라"고 합니다.

또 이렇게 말합니다.

"자부심은 거지가 구걸하는 소리만큼 시끄럽고 훨씬 더 뻔뻔스럽다."

사치품을 한 가지 산 다음, 그것에 맞춰서 완전히 갖
춰 입으려면 열 가지를 더 사야 합니다. 가난한 리처드
는, "첫 번째 욕구를 억제하는 것이 그 뒤에 따라오는 모
든 욕구를 만족시키는 것보다 쉽다"고 말합니다. 가난한
사람이 부자를 흉내내는 것은 정말 어리석은 짓입니다.
그것은 마치 개구라가 황소 흉내를 내려고 배를 부풀리
는 것과 같지요.

"Vessels large may venture more, But little boats should keep near shore."

It is, however, a folly soon punished; for, as Poor Richard says, "Pride that dines on vanity, sups on contempt; Pride breakfasted with Plenty, dined with Poverty, and supped with Infamy."

“큰 배는 더 많은 모험을 할 수도 있다. 그러나 작은 배
는 해변 가까이에 머물러야 한다.”

어리석음은 곧 그 대가를 치르게 됩니다. “자부심의 식
탁에는 점심에는 허영이, 저녁에는 모멸이 올라 올 것”이
라는 리처드의 말을 명심하십시오. “자부심은, 아침 식사
는 풍요로움과 함께 하고 점심은 가난과 함께 하며, 저녁
에는 불명예와 함께 하게 할 것이다.”

 The Way to Wealth

And, after all, of what use is this pride of appearance, for which so much is suffered? It cannot promote health, nor ease pain; it makes no increase of merit in the person, it creates envy, it hastens misfortune.

많은 사람들이 시달리고 있는 이런 외모에 대한 자부심이 무슨 쓸모가 있겠습니까? 사람을 건강하게 만들어 주는 것도 아니고, 고통을 덜어 주는 것도 아니며, 어떤 혜택도 주지 않습니다. 오히려 시기심을 일으키고 불행을 재촉할 뿐이지요.

But what madness it must be to run in debt for these superfluities?

'We are offered, by the terms of this sale, six months credit;'
and that, perhaps, has induced some of us to attend it, because we cannot spare the ready money, and hope now to be fine without it.

이런 사치스러운 생활을 위해 빚을 지는 것은 얼마나 미친 짓일까요?

'우리는 6개월 동안 외상으로 물건을 구매하는 조건으로 경매를 받습니다.'

우리들 중 일부는 이 때문에 이 자리에 참석했는지도 모릅니다. 당장 현금을 지불하지 않아도 되니까요. 그리고 지금은 그 정도의 돈은 없어도 괜찮을 것이라고 생각합니다.

But ah! think what you do when you run into debt; you give to another power over your liberty. If you cannot pay on time, you will be ashamed to see your creditor; you will be in fear when you speak to him; you will make poor pitiful sneaking excuses, and by degrees, come to lose your veracity, and sink into base downright lying;

아! 그러나, 당신이 빚을 지었을 때 어떻게 될지 생각해 보십시오. 또 다른 권력이 당신의 자유를 지배하게 될 것입니다. 제때 빚을 갚지 못하면 채권자를 볼 낯이 없어질 것이고, 그에게 말을 걸어야 할 때 두려움에 떨게 될 것입니다. 처량하게 빠져나갈 구실을 찾게 될 것이고 당신의 진실성까지도 잃어버리게 될 것입니다. 정도에 따라, 최악의 경우에는 거짓말까지 하게 될 수도 있습니다.

for "The second vice is lying, the frist is running in debt," as Poor Richard says; and again, to the same purpose, "Lying rides upon Debt's back:"

　왜냐하면 "두 번째 악이 거짓말이라면 첫 번째 악은 빚을 진 것이다"라고 리처드는 말하고 있기 때문입니다. 그리고 같은 맥락에서 "거짓말은 빚진 이의 등에 업혀 다닌다"고도 했습니다.

whereas a free born Englishman aught not to be ashamed nor afraid to see or speak to any man living. But poverty often deprives a man of all spirit and virtue.

"It is hard for an empty bag to stand upright."

Baby
Dra
SUPER SPORT
Baby

자유로운 시민이라면 어떤 사람과 얼굴을 맞대거나 대화하는 것을 두려워할 일도 부끄러워할 일도 없어야 합니다. 그러나 가난은 종종 사람에게서 선한 정신과 미덕을 앗아갑니다.

"빈 자루를 똑바로 세우기는 어려운 법이지요."

What would you think of that prince, or of that government, who should issue an edict forbidding you to dress like a gentleman or gentlewoman, on pain of imprisonment or servitude? Would you not say "you were free, have a right to dress as you please, and that such an edict would be a breach to your privileges, and such a government tyrannical?"

and yet you are about to put yourself under that tyranny, when you run in debt for such dress!

여러분들로 하여금 신사 숙녀처럼 옷을 입는 것을 금지하는 칙령을 선포하는 정부나 왕이 있다면, 여러분은 어떻게 생각할까요? 당신을 감옥에 가두거나 노예로 만든다면 말입니다. 여러분은 "나는 자유인이다. 내가 원하는 대로 옷을 입을 권리가 있다. 그런 칙령은 나의 특권을 침해하는 것이며 그런 정부는 독재정권이다"라고 항의하지 않을까요?

그러나 사치스러운 옷들 때문에 빚을 지는 것이 바로 여러분 자신을 그런 독재 정권 아래 들어가게 만든다는 사실을 알아야 합니다!

Your creditor has authority, at his pleasure, to deprive you of your liberty, by confining you in gaol for life, or by selling you for a servant, if you should not be able to pay him. When you have got your bargain, you may, perhaps, think a little of payment;

but, as Poor Richard says, "Creditors have better memories than debtors; creditors are a superstitious sect, great observers of set days and times."

여러분의 채권자들은 권력을 쥐게 됩니다. 빚을 갚지 못하면 자기 마음대로 여러분을 평생 감옥에 가둬놓고 자유를 앗아갈 수도 있지요. 아니면 여러분을 노예로 팔아치울 수도 있습니다. 여러분은 거래를 할 때, 지불문제에 대해 거의 신경쓰지 않을지도 모릅니다.

그러나 가난한 리처드의 말처럼, "채권자는 채무자보다 기억력이 좋습니다. 그들은 정해진 날짜와 시간을 철저하게 지키는 사람들이지요."

The day comes round before you are aware, and the demand is made before you are able to satisfy it; or, if you bear your debt in mind, the term which at first seemed so long, well, as it lessens, appear extremely short: Time will seem to have added wings to his heels as well as his shoulders.

"Those have a short lent, who owe money to be paid at Easter."

여러분이 미처 깨닫기도 전에 그 날이 다가오고, 빚을 갚을 준비가 되지 않았는데 독촉장이 날아올 것입니다. 여러분이 자신의 빚을 기억하고 있다 해도 마찬가집니다. 처음에는 그렇게 길게 느껴졌던 기한이 점차 줄어들면서 지극히 짧아 보일 것입니다. 시간이 겨드랑이뿐 아니라 발꿈치에도 날개를 달고 있는 것처럼 느껴지지요.

"부활절에 갚아야 할 빚이 있는 사람은 사순절도 짧게
느껴지는 법"입니다.

At present, perhaps, you may think yourselves in thriving circumstances; and that you can bear a little extravagance without injury; but "For age and want save while you may, No morning sun lasts a whole day."

현재 여러분은 자신이 번창하고 있는 상황에 있어서 조금 사치를 한다고 해도 큰 해를 입지는 않을 것이라고 생각하고 있을지도 모릅니다. 그러나 "세월과 욕망은 아낄 수 있을 때 아껴야 한다"라고 리처드는 말합니다. "아침 해가 하루 종일 가지는 않는 법"이지요.

天門聖境

Gain may be temporary and uncertain, but ever, while you live, expense is constant and certain; and, "It is easier to build two chimnies, than to keep one in fuel," as Poor Richard says: So, "Rather go to bed supperless, than rise in debt"

　소득은 일시적이고 불확실할 수 있습니다. 그러나 살아가는 동안 써야 할 비용은 확실하고 지속적입니다. 그래서 리처드는 "굴뚝 하나에 계속 불을 지피는 것보다 굴뚝을 두 개 세우는 것이 쉽다"고 말했습니다. "빚을 진 채로 아침을 맞는 것보다 저녁을 굶고 잠자리에 드는 편이 낫다"는 말이지요.

"Get what you can, and what you get gold, This the stone that will turn all your lead into gold."

And when you have got the philosopher's stone, sure you will no longer complain of bad times, or the difficulty of paying taxes.

"벌 수 있는 대로 벌고 간직할 수 있는 데까지 간직하라. 그것이야말로 당신이 가지고 있는 납을 모두 금으로 만들어 줄 철학자의 돌이다."

리처드의 말처럼, 이 철학자의 돌을 얻게 되면 어려운 시기나 세금을 내는 어려움에 관한 불평을 더 이상 늘어놓지 않게 될 것입니다.

This doctrine, my friends, is reason and wisdom: But, after all, do not depend too much upon your own industry and frugality, and prudence, though excellent things; for they may all be blasted without the blessing of heaven; and therefore, ask the blessing humbly, and be not uncharitable to those that at present seem to want it, but comfort and help them. Remember Job suffered and was afterwards prosperous.

IV

여러분, 이런 원칙은 이성과 지혜의 산물입니다. 그러나 근면과 검약 정신, 그리고 분별력이 훌륭한 덕목이긴 하지만 그것에 지나치게 의존하지는 마십시오. 하늘의 축복이 없다면 그 모든 것들이 날아가 버릴 수도 있으니까요. 그러므로 겸허하게 하늘의 축복을 구하십시오. 그리고 지금 도움이 필요한 사람들에게 무자비하게 행동하지 말고, 그들을 도와주고 위로해 주십시오. 욥은 시련을 당했지만 나중에 번창했다는 사실을 기억하십시오.

And now to conclude, Experience keeps a dear school, but fools will learn in no other, as Poor Richard says, and scarce in that; for it is true,

"We may give advice, but we cannot give conduct."

However, remember this,

"They that will not be counselled, cannot be helped; and farther, that If you will not hear Reason, she well surely rap your knuckles," as Poor Richard says.

이제 결론을 말씀드리자면 경험은 소중한 학교라는 것입니다. 그러나 바보들은 어디서도 배우지 못할 것이며, 아무것도 경험하지 못합니다. 그것은 사실입니다. 리처드는 말합니다.

"조언을 해줄 순 있지만 행동하게 하지는 못한다."

그러니 이 말을 기억하십시오.

"조언을 구하지 않는 사람은 도움도 받지 못할 것이다. 나아가서 이성의 소리에 귀를 기울이지 않으면 그것은 틀림없이 당신의 정강이를 걷어 찰 것이다."

Thus the old gentleman ended his harangue. The people heard it, and approved the doctrine, and immediately practiced the contrary, just as if it had been a common sermon; for the auction opened, and they began to buy extravagantly.

이윽고 늙은 신부는 긴 연설을 마쳤습니다. 사람들은 그 말을 듣고 그 원칙에 동의했지만 마치 흔히 듣는 연설이었다는 듯이 곧 그 반대로 행동하기 시작했습니다. 경매가 시작되자 사람들은 마구 사들이기 시작하더군요.

1.500.000
1.000.000
2.000.000

I found the good man had thoroughly studied my Al-manack, and digested all I had dropt on these topicks during the course of 25 years. The frequent mention he made fo me must have tired anyone else;

나는 그 신부가 나의 책《가난한 리처드의 달력》에 대
해 충분히 연구했으며, 제가 25년 동안에 걸쳐 말해 왔던
핵심 주제들을 숙지하고 있다는 사실을 알게 되었습니다.
하지만 다른 사람들에게는 그가 빈번히 인용했던 내 말들
이 지루했던 게 분명합니다.

but my vanity was wonderfully delighted with it, though I was conscious, that not a tenth part of the wisdom was my own, which he ascribed to me; but rather the gleanings that I had made of the sense of all ages and nations. However, I resolved to be the better for the echo of it; and though I had at first determined to buy stuff for a new coat, I went away, resolved to wear my old one a little longer.

그러나 그 사건은 내 허영심에 커다란 만족을 주었습니다. 그가 내 말이라고 인용했던 지혜로운 말들 중에서 내 말은 10분의 1도 안 된다는 사실이 마음에 걸리긴 했지만 말입니다. 대부분은 동서고금의 격언들 가운데서 수집한 것들이었지요. 나는 그 지혜로운 말들을 실천하는 더욱 훌륭한 본보기가 되어야겠다고 굳게 마음먹었습니다. 그래서 처음에 코트를 사려고 마음먹었지만 입던 것을 좀더 입기로 결심하고 경매장을 떠났습니다.

Reader, if thou wilt do the same, thy profit will be as great as mine. I am, as ever, thine to serve thee,

- RICHARD SAUNDERS

독자 여러분들도 이같이 한다면 내가 쌓아 올린 것만큼 많은 이익을 얻게 될 것입니다. 여러분의 영원한 종,

- 리처드 손더스

벤자민 프랭클린,
부자가 되는 길

지은이 | 벤자민 프랭클린
옮긴이 | 이혜경
발행일 | 2010년 6월 28일 초판 1쇄 발행
펴낸이 | 양근모
발행처 | 도서출판 청년정신
등　록 | 1997년 12월 26일 제10-1531호
주　소 | 경기도 파주시 교하읍 문발리 535-7 세종출판벤처타운 408호
전　화 | 031) 955-4923~5　팩스 | 031) 955-4928
이메일 | pricker@empal.com